AF216519

Impressum
Verlag: BABADADA GmbH, Nedderfeld 112 , 22529 Hamburg
Geschäftsführer / Verlagsleitung: Harald Hof
Druck: Books on Demand GmbH, In de Tarpen 42, 22848 Norderstedt

Imprint
Publisher: BABADADA GmbH, Nedderfeld 112 , 22529 Hamburg, Germany
Managing Director / Publishing direction: Harald Hof
Print: Books on Demand GmbH, In de Tarpen 42, 22848 Norderstedt, Germany

iskola

xue xiao

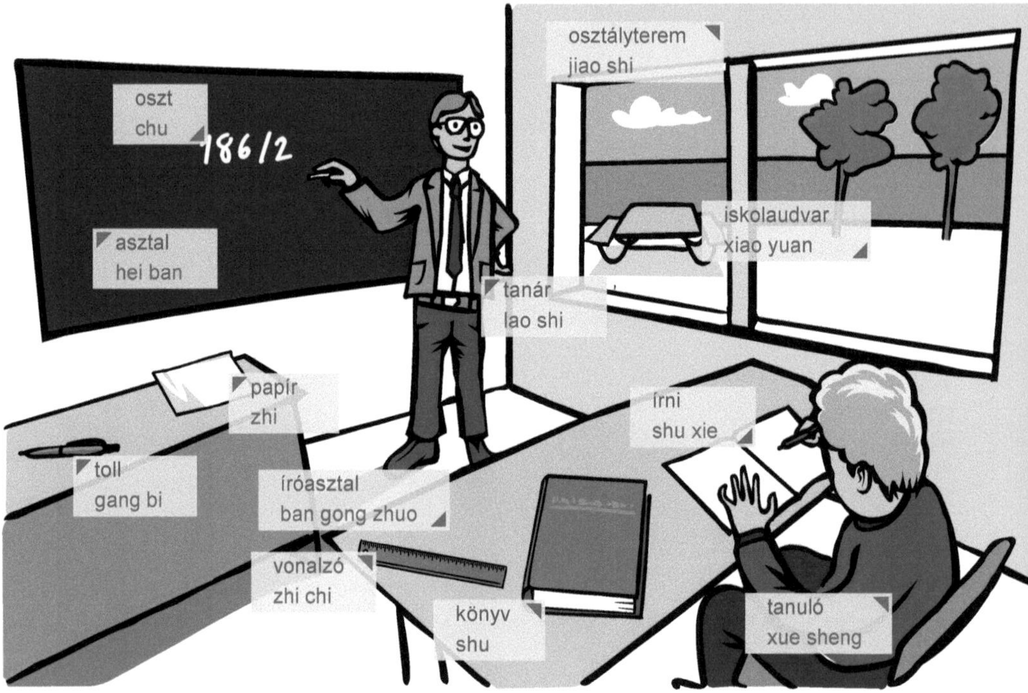

oszt
chu
186/2
osztályterem
jiao shi
asztal
hei ban
iskolaudvar
xiao yuan
tanár
lao shi
papír
zhi
írni
shu xie
toll
gang bi
íróasztal
ban gong zhuo
vonalzó
zhi chi
könyv
shu
tanuló
xue sheng

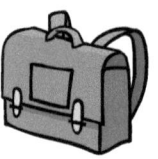

iskolatáska

shu bao

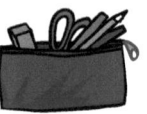

tolltartó

qian bi he

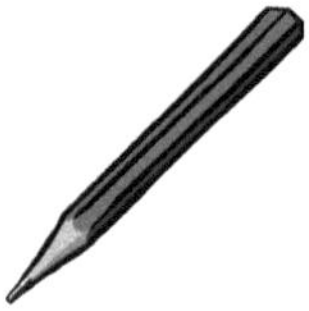

ceruza

qian bi

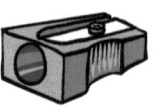

ceruzahegyező

juan bi dao

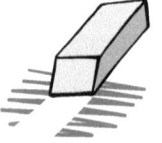

radír

xiang pi ca

rajzfüzet

hua ban

rajz

tu hua

ecset

hua bi

festőkészlet

yan liao he

olló

jian dao

ragasztó

jiao shui

munkafüzet

lian xi ce

házi feladat

jia ting zuo ye

szám

shu zi

2+2

összead

jia

5-2

kivon

jian

2×2

szoroz

cheng

számol

ji suan

A

betű

zi mu

ABCDEFG HIJKLMN OPQRSTU VWXYZ

ABC

zi mu biao

hello

szó

zi

szöveg

ke wen

olvasni

du

kréta

fen bi

tanóra

shang ke

napló

deng ji

vizsga

kao shi

bizonyítvány

zheng shu

iskolai egyenruha

xiao fu

oktatás

jiao yu

enciklopédia

bai ke quan shu

egyetem

da xue

mikroszkóp

xian wei jing

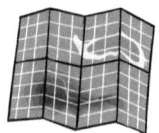

térkép

di tu

papír-hulladék gyüjtö

fei zhi kuang

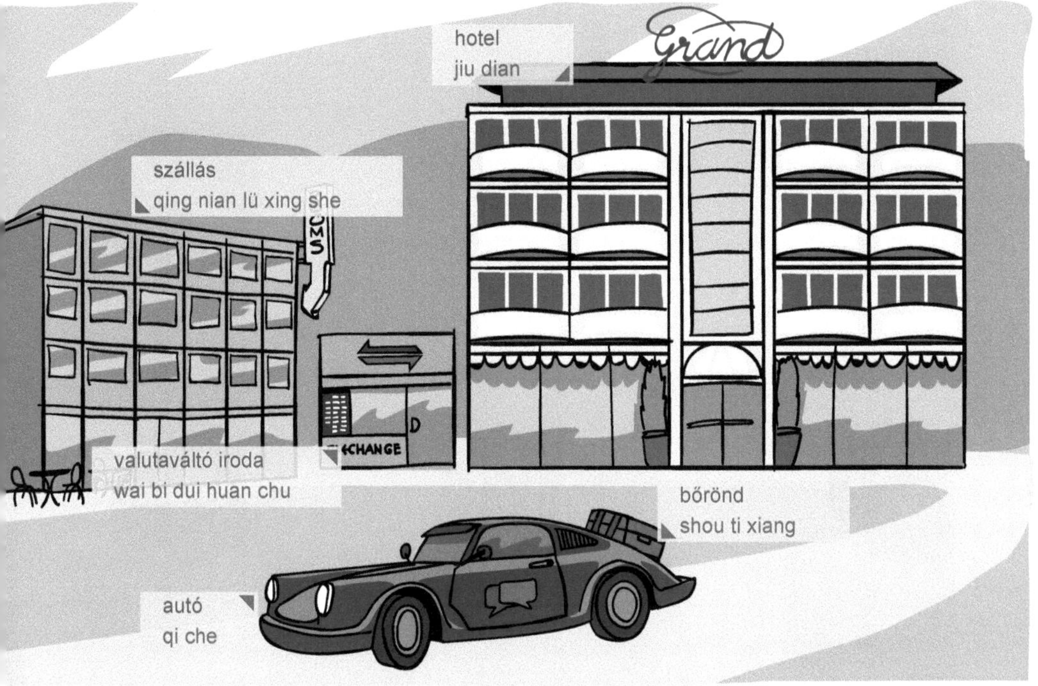
hotel
jiu dian
Grand
szállás
qing nian lü xing she
valutaváltó iroda
wai bi dui huan chu
bőrönd
shou ti xiang
autó
qi che

nyelv
yu yan

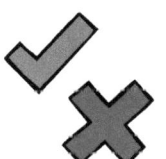

igen/nem
shi/fou

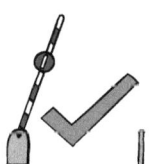

rendben
hao de

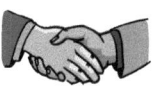

szia
nin hao

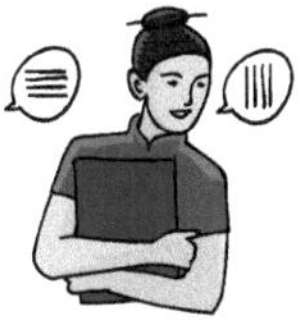

fordító
fan yi yuan

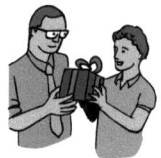

köszönöm
xie xie

mennyibe kerül...?

......duo shao qian?

nem értem

wo bu ming bai

probléma

wen ti

Jó estét!

wan shang hao!

jó reggelt!

zao shang hao!

jó éjszakát!

wan an!

viszontlátásra

zai jian

útirány

fang xiang

poggyász

xing li

táska

bao

hátizsák

shuang jian bao

vendég

ke ren

szoba

fang jian

hálózsák

shui dai

sátor

zhang peng

turista információ

lü you xin xi

strand

hai tan

hitelkártya

xin yong ka

reggeli

zao can

ebéd

wu can

vacsora

wan can

jegy

piao

lift

dian ti

bélyeg

you piao

határ

bian jie

vám

hai guan

nagykövelség

da shi guan

vízum

qian zheng

útlevél

hu zhao

közlekedés

jiao tong yun shu

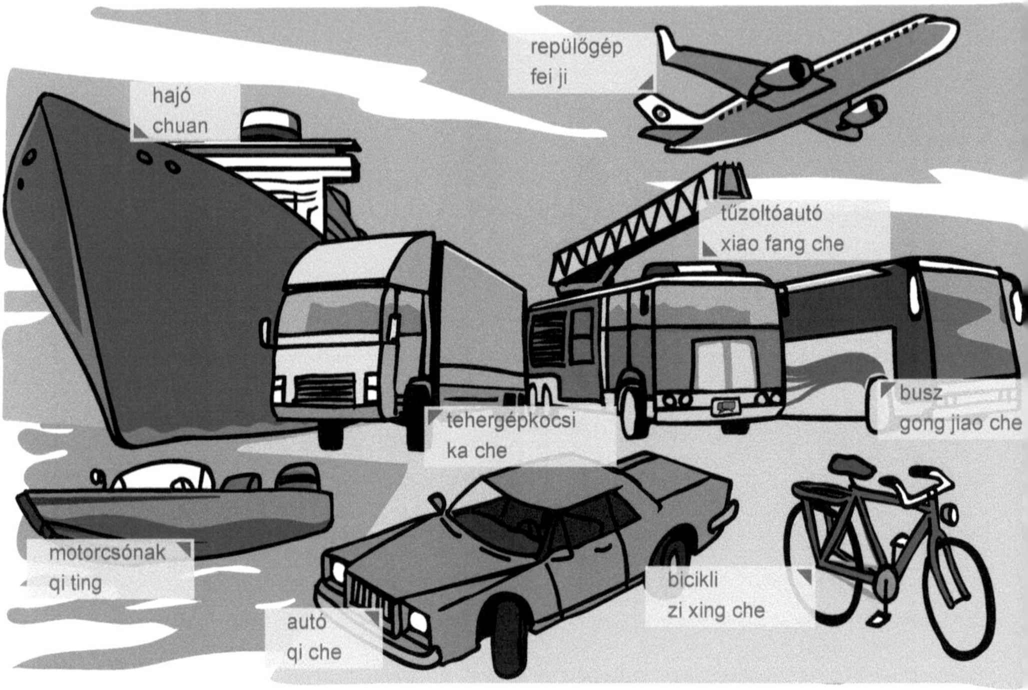
repülőgép
fei ji
hajó
chuan
tűzoltóautó
xiao fang che
busz
gong jiao che
tehergépkocsi
ka che
motorcsónak
qi ting
bicikli
zi xing che
autó
qi che

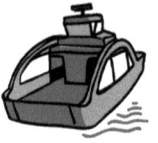

komp

bai du chuan

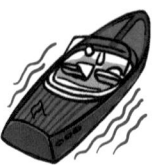

csónak

xiao chuan

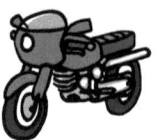

motorkerékpár

mo tuo che

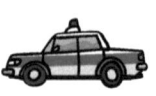

rendőrautó

jing che

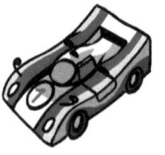

versenyautó

sai che

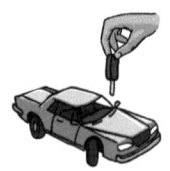

bérautó

zu che

telekocsi

pin che

vontató

tuo che

szemetes autó

la ji che

motor

fa dong ji

üzemanyag

qi you

benzinkút

jia you zhan

közlekedési tábla

jiao tong biao zhi

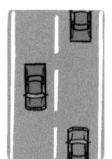

forgalom

jiao tong

forgalmi dugó

jiao tong du sai

parkoló

ting che chang

vonatállomás

huo che zhan

sínek

gui dao

vonat

huo che

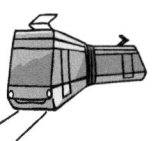

villamos

dian che

vagon

huo che

helikopter

zhi sheng ji

repülőtér

ji chang

torony

ta

utas

cheng ke

konténer

ji zhuang xiang

kartondoboz

zhi ban xiang

taliga

shou tui che

kosár

lan zi

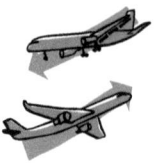

felszáll / leszáll

qi fei/jiang luo

város

cheng shi

falu

cun zhuang

városközpont

shi zhong xin

ház

fang zi

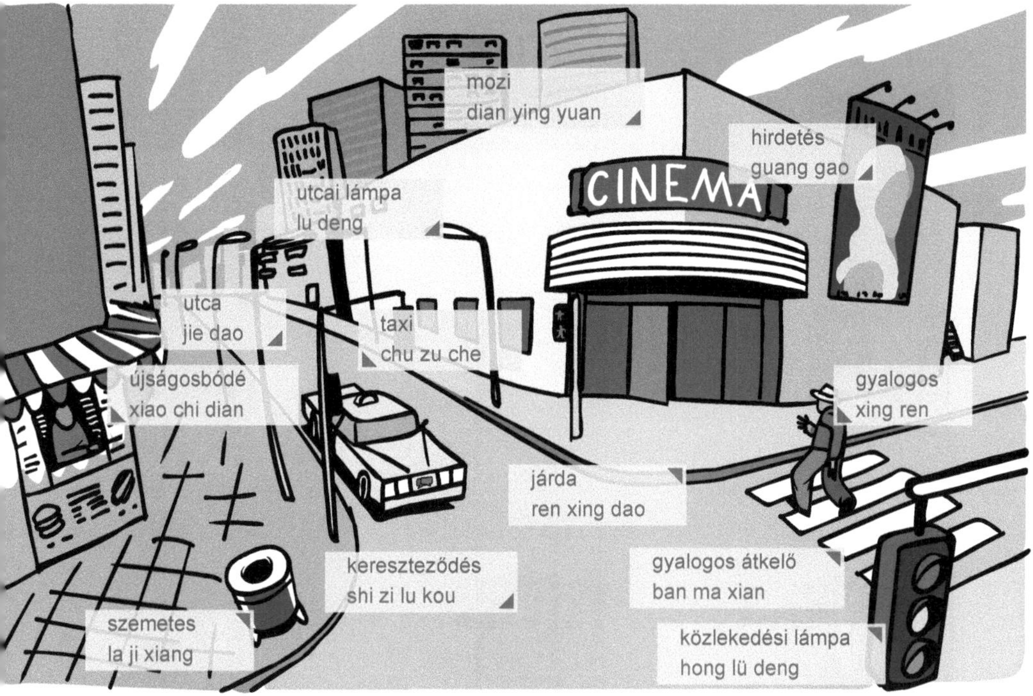

mozi / dian ying yuan

hirdetés / guang gao

utcai lámpa / lu deng

utca / jie dao

taxi / chu zu che

újságosbódé / xiao chi dian

gyalogos / xing ren

járda / ren xing dao

kereszteződés / shi zi lu kou

gyalogos átkelő / ban ma xian

szemetes / la ji xiang

közlekedési lámpa / hong lü deng

CINEMA

kunyhó

xiao wu

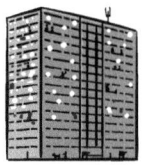

lakás

gong yu

vonatállomás

huo che zhan

városháza

shi zheng ting

múzeum

bo wu guan

iskola

xue xiao

egyetem

da xue

bank

yin hang

kórház

yi yuan

hotel

jiu dian

gyógyszertár

yao fang

iroda

ban gong shi

könyvesbolt

shu dian

üzlet

shang dian

virágüzlet

hua dian

szupermarket

chao shi

piac

shi chang

áruház

bai huo shang dian

halárus

yu dian

bevásárló központ

gou wu zhong xin

kikötő

hai gang

park

gong yuan

pad

chang deng

híd

qiao

lépcső

lou ti

metró

di tie

alagút

sui dao

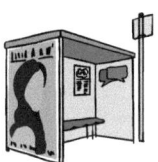

buszmegálló

gong jiao che zhan

bár

jiu ba

étterem

can guan

postaláda

you tong

utcatábla

lu biao

parkoló óra

ting che ji shi qi

állatkert

dong wu yuan

uszoda

you yong guan

mecset

qing zhen si

gazdálkodás

nong chang

környezetszennyezés

wu ran

temető

mu di

templom

jiao tang

játszótér

cao chang

szentély

si miao

táj

di xing

levél
shu ye

útjelző tábla
zhi shi pai

út
lu

rét
cao di

kő
shi tou

túrázó
tu bu lü xing zhe

fa
shu

folyó
he

fű
cao

virág
hua

völgy

xia gu

domb

shan

tó

hu

erdő

sen lin

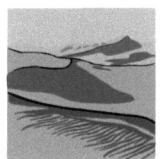

sivatag

sha mo

vulkán

huo shan

kastély

cheng bao

szivárvány

cai hong

gomba

mo gu

pálmafa

zong lü shu

szúnyog

wen zi

légy

cang ying

hangya

ma yi

méhecske

mi feng

pók

zhi zhu

bogár

jia chong

béka

qing wa

mókus

song shu

sündisznó

ci wei

nyúl

ye tu

bagoly

mao tou ying

madár

niao

hattyú

tian e

vaddisznó

ye zhu

szarvas

lu

rénszarvas

mi lu

gát

shui ba

szélturbina

feng li fa dian ji

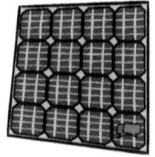

napelem

tai yang neng dian chi ban

éghajlat

qi hou

16   táj - di xing

étterem
can guan

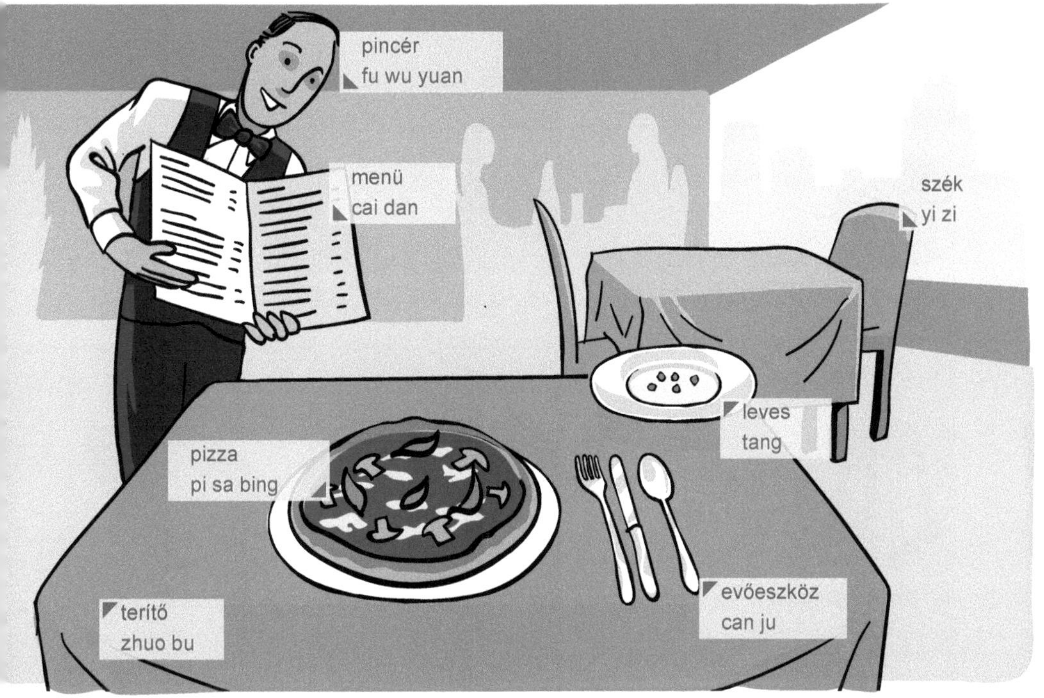
pincér
fu wu yuan
menü
cai dan
szék
yi zi
leves
tang
pizza
pi sa bing
evőeszköz
can ju
terítő
zhuo bu

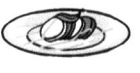

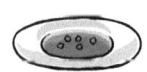

előétel

qian cai

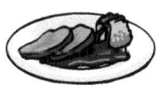

főétel

zhu cai

desszert

tian dian

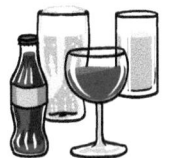

italok

yin liao

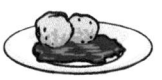

étel

shi wu

üveg

ping zi

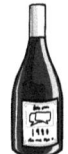

gyorsétel

kuai can

gyorsétel

jie bian xiao chi

teás kanna

cha hu

cukortartó

tang he

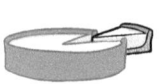

adag

yi fen fan cai

eszpresszógép

yi shi ka fei ji

bárszék

gao jiao yi

számla

zhang dan

tálca

tuo pan

kés

dao

villa

can cha

kanál

shao zi

teáskanál

cha chi

szalvéta

can jin

pohár

bo li bei

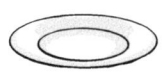

tányér

die zi

leveses tányér

tang pan

csészealj

die zi

szósz

jiang

sószóró

yan ping

borsőrlő

hu jiao mo

ecet

cu

étkezési olaj

shi yong you

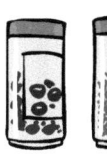

fűszerek

tiao wei liao

ketchup

fan qie jiang

mustár

jie mo

majonéz

dan huang jiang

szupermarket
chao shi

különleges ajánlat
te jia
ügyfél
gu ke
FOR
tejtermék
ru zhi pin
gyümölcsök
shui guo
bevásárló kocsi
gou wu che

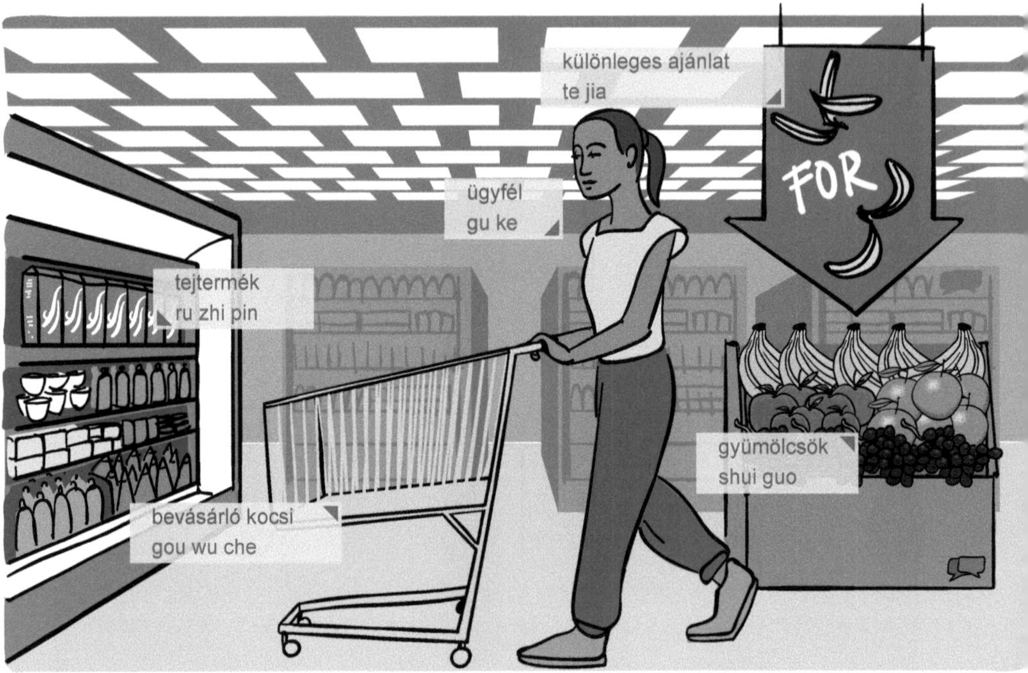

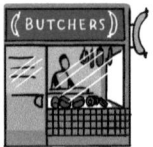

BUTCHERS

hentes

rou pu

BAKERY

pékség

mian bao fang

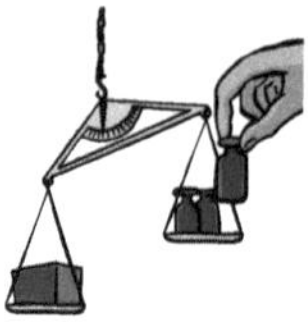

nyom valamennyit

cheng zhong

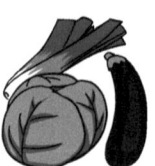

zöldség

shu cai

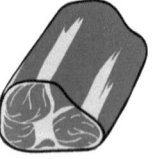

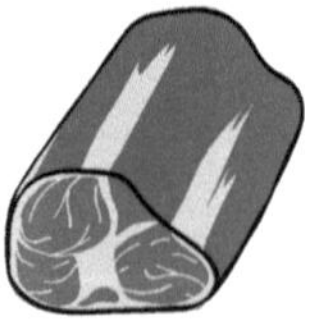

hús

rou

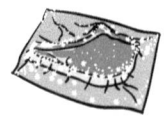

fagyasztott áru

leng dong shi pin

felvágott

leng pan

konzerv

guan tou shi pin

mosópor

xi yi fen

édességek

tian shi

háztartási termék

ri yong pin

tisztítószerek

qing jie yong pin

eladó

xiao shou yuan

pénztárgép

shou yin ji

eladó

shou yin yuan

bevásárló lista

gou wu qing dan

nyitva tartás

kai fang shi jian

levéltárca

qian bao

hitelkártya

xin yong ka

zacskó

dai zi

műanyag zacskó

su liao dai

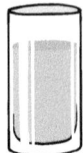

víz

shui

gyümölcslé

guo zhi

tej

niu nai

kóla

ke le

bor

hong jiu

sör

pi jiu

alkohol

jiu

kakaó

ke ke

tea

cha

kávé

ka fei

eszpresszó

yi shi nong suo ka fei

kapucsínó

ka bu qi nuo

banán

xiang jiao

alma

ping guo

narancs

cheng zi

sárgadinnye

xi gua

citrom

ning meng

sárgarépa

hu luo bo

fokhagyma

da suan

bambusz

zhu zi

hagyma

yang cong

gomba

mo gu

magvak

jian guo

nokedli

mian tiao

spagetti

yi da li mian tiao

rizs

mi fan

saláta

sha la

sült krumpli

shu tiao

sült burgonya

zha tu dou

pizza

pi sa bing

hamburger

han bao bao

szendvics

san ming zhi

hússzelet

zha zhu pai

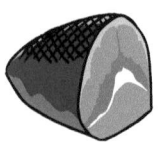

sonka

huo tui

szalámi

sa la mi

kolbász

xiang chang

csirke

ji rou

pecsenye

kao rou

hal

yu

zabkása

yan mai pian

müzli

mu zi li

kukoricapehely

yu mi pian

liszt

mian fen

croissant

yang jiao mian bao

zsemle

mian bao juan

kenyér

mian bao

pirítós kenyér

kao mian bao

keksz

bing gan

vaj

huang you

turó

ning ru

sütemény

dan gao

tojás

dan

tükörtojás

jian dan

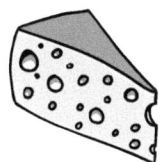

sajt

nai lao

jégkrém

bing ji lin

cukor

tang

méz

feng mi

lekvár

guo jiang

mogyorókrém

qiao ke li jiang

curry

ga li fan

gazdálkodás
nong chang

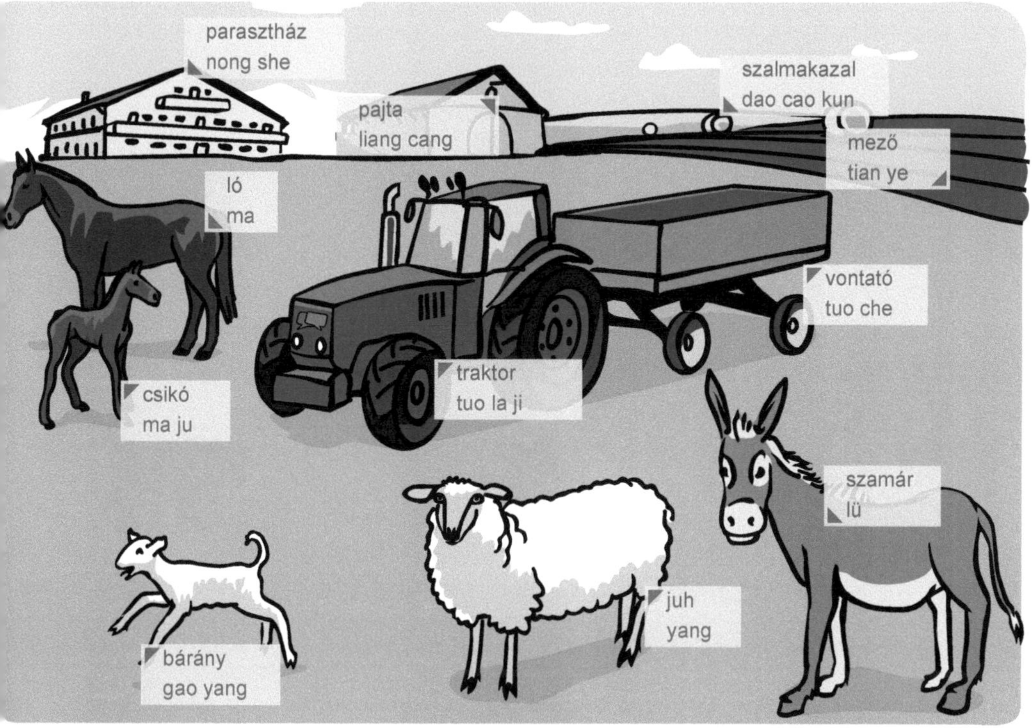

parasztház
nong she
pajta
liang cang
szalmakazal
dao cao kun
mező
tian ye
ló
ma
vontató
tuo che
traktor
tuo la ji
csikó
ma ju
szamár
lü
juh
yang
bárány
gao yang

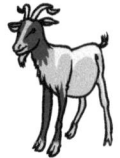

kecske
shan yang

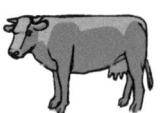

tehén
nai niu

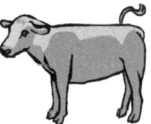

borjú
niu du

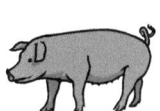

malac
zhu

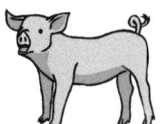

kismalac
xiao zhu

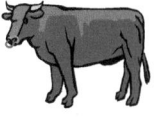

bika
gong niu

liba

e

kacsa

ya

csibe

xiao ji

tojó

mu ji

kakas

gong ji

patkány

shu

macska

mao

egér

lao shu

ökör

niu

kutya

gou

kutyaház

gou wu

kerti öntözőcső

hua yuan jiao shui ruan guan

öntözőkanna

sa shui hu

kasza

chang bing da lian dao

eke

li

sarló

lian dao

kapa

chu tou

vasvilla

chang bing cao pa

fejsze

fu tou

talicska

du lun shou tui che

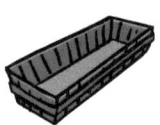

teknő

si liao cao

tejes kancsó

niu nai guan

zsák

ma bu dai

kerítés

zha lan

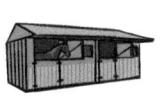

istálló

ma jiu

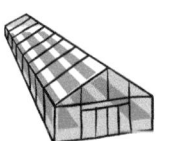

üvegház

wen shi

talaj

tu rang

vetőmag

zhong zi

trágya

fei liao

cséplőgép

lian he shou ge ji

szüretelni

shou ge

betakarítás

shou ge

yamgyökér

shan yao

búza

xiao mai

szója

da dou

burgonya

tu dou

kukorica

yu mi

repcemag

you cai zi

gyümölcsfa

guo shu

manióka

shu shu

gabona

gu wu

ház
fang zi

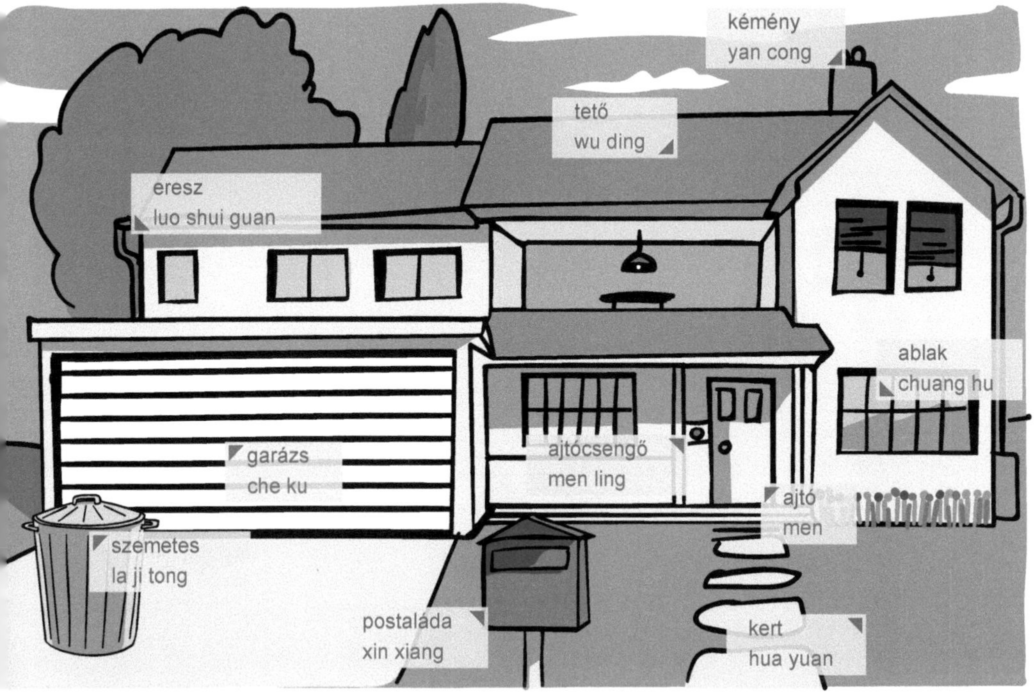
kémény
yan cong
tető
wu ding
eresz
luo shui guan
ablak
chuang hu
garázs
che ku
ajtócsengő
men ling
ajtó
men
szemetes
la ji tong
postaláda
xin xiang
kert
hua yuan

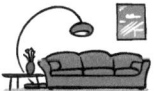

nappali
ke ting

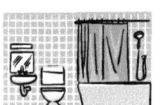

fürdőszoba
yu shi

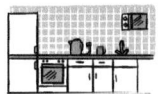

konyha
chu fang

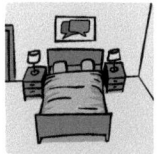

hálószoba
wo shi

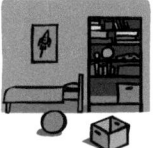

gyerekszoba
er tong fang

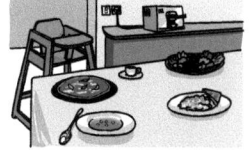

ebédlő
can ting

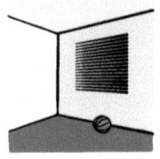

padló

di ban

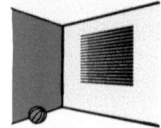

fal

qiang bi

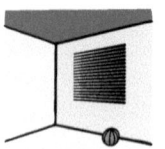

plafon

diao ding

pince

di jiao

szauna

sang na

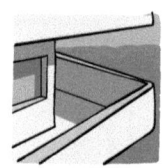

erkély

yang tai

terasz

lu tai

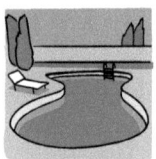

medence

you yong chi

fűnyíró

ge cao ji

lepedő

bei dan

ágytakaró

chuang zhao

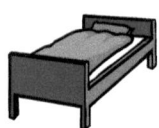

ágy

chuang

seprű

sao zhou

vödör

shui tong

kapcsoló

kai guan

nappali
ke ting

tapéta
bi zhi
kép
zhao pian
lámpa
tai deng
polc
ge jia
szekrény
chu gui
televízió
dian shi ji
kandalló
bi lu
virág
hua
párna
dian zi
kanapé
sha fa
váza
hua ping
távirányító
yao kong qi

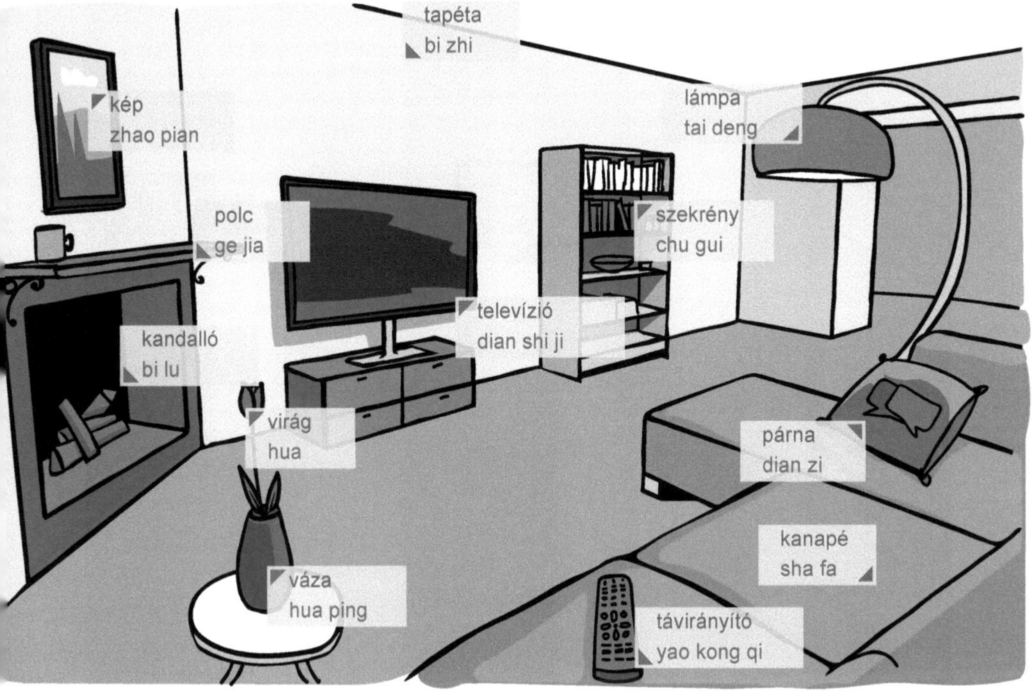

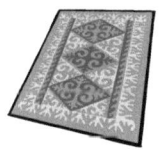

szőnyeg

di tan

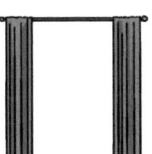

függöny

chuang lian

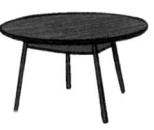

asztal

can zhuo

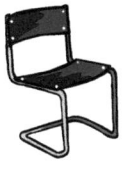

szék

yi zi

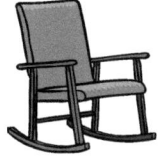

hintaszék

yao yi

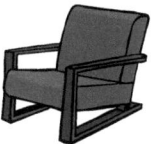

karosszék

fu shou yi

könyv

shu

takaró

tan zi

dekoráció

zhuang shi pin

tűzifa

mu chai

film

dian ying

hifi

gao bao zhen yin xiang

kulcs

yao shi

újság

bao zhi

festmény

you hua

poszter

hai bao

rádió

shou yin ji

jegyzetfüzet

bi ji ben

porszívó

xi chen qi

kaktusz

xian ren zhang

gyertya

la zhu

konyha
chu fang

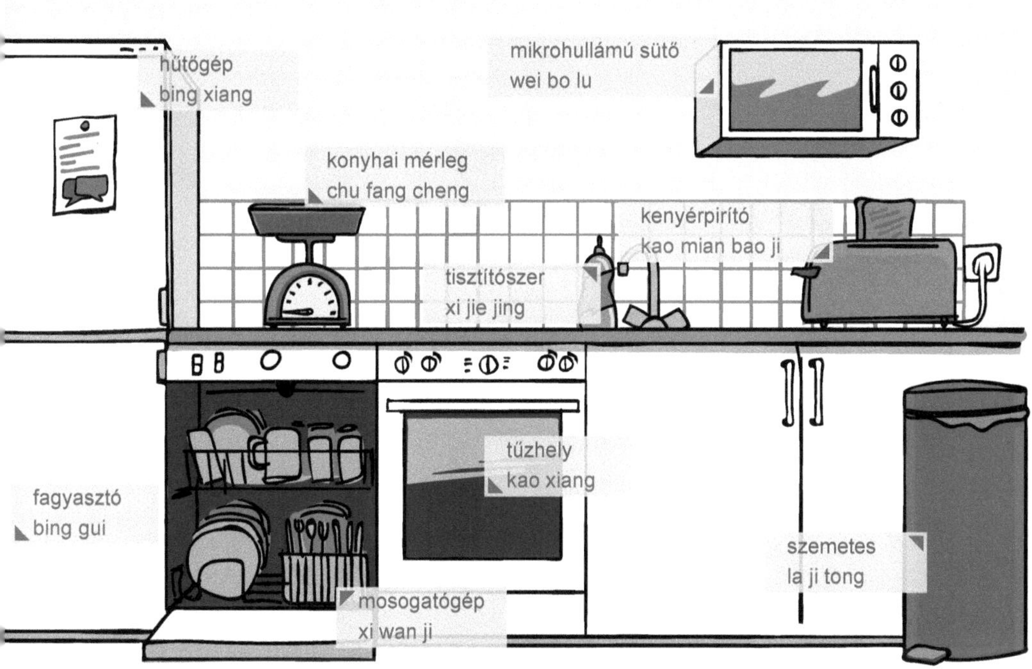

hűtőgép
bing xiang
mikrohullámú sütő
wei bo lu
konyhai mérleg
chu fang cheng
kenyérpirító
kao mian bao ji
tisztítószer
xi jie jing
tűzhely
kao xiang
fagyasztó
bing gui
szemetes
la ji tong
mosogatógép
xi wan ji

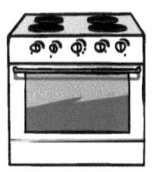

tűzhely
chui ju

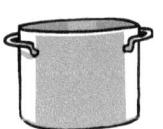

edény
guo

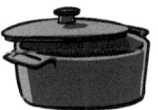

vasfazék
zhu tie guo

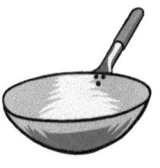

wok / kadai
sha guo

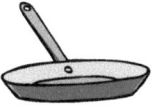

serpenyő
ping di guo

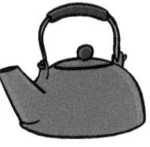

vízforraló
shui hu

páraló

zheng guo

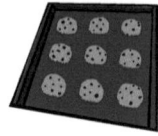

tepsi

kao pan

étkészlet

tao ci guo

bögre

ma ke bei

tálka

wan

evőpálcika

kuai zi

merőkanál

chang bing shao

keverőlapátka

chan zi

habverő

jiao ban qi

szűrő

lü wang

szita

shai zi

reszelő

mo sui ji

mozsár

yan bo

grillsütő

shao kao

kandalló

ming huo

vágódeszka

cai ban

sodrófa

gan mian zhang

dugóhúzó

kai ping qi

doboz

guan zi

konzervnyitó

kai ping qi

edényfogó

ge re shou tao

mosogató

shui cao

kefe

shua zi

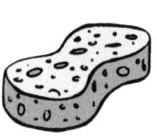

szivacs

hai mian

turmixgép

jiao ban ji

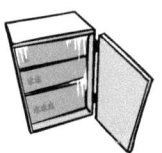

mélyhűtő

leng cang xiang

cumisüveg

nai ping

csap

shui long tou

fürdőszoba
yu shi

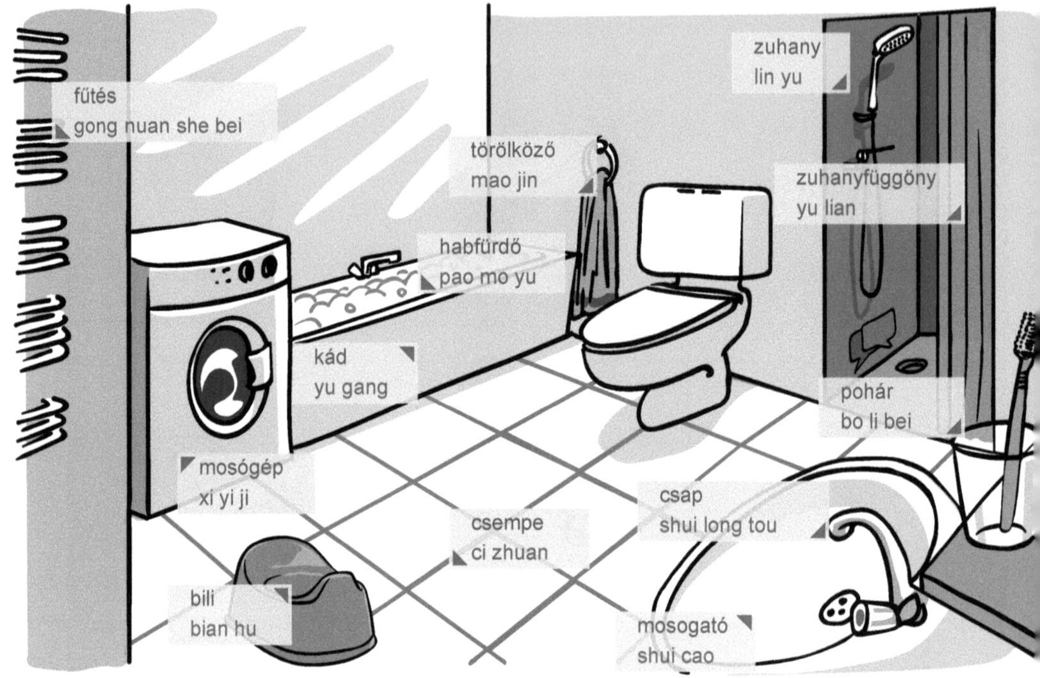

fűtés
gong nuan she bei
törölköző
mao jin
zuhany
lin yu
zuhanyfüggöny
yu lian
habfürdő
pao mo yu
kád
yu gang
pohár
bo li bei
mosógép
xi yi ji
csap
shui long tou
csempe
ci zhuan
bili
bian hu
mosogató
shui cao

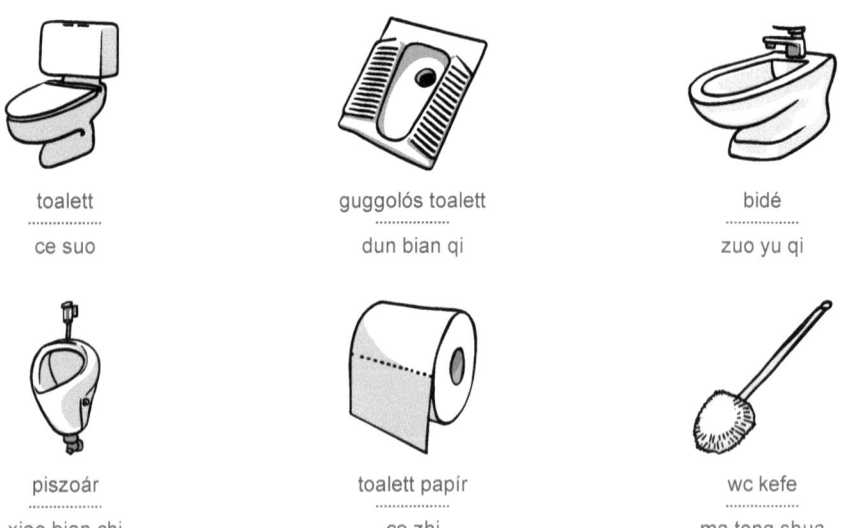

toalett

ce suo

guggolós toalett

dun bian qi

bidé

zuo yu qi

piszoár

xiao bian chi

toalett papír

ce zhi

wc kefe

ma tong shua

fogkefe

ya shua

fogkrém

ya gao

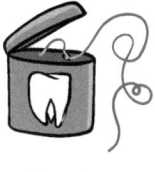

fogselyem

ya xian

mosni

xi

kézi zuhany

shou chi shi pen lin tou

intimzuhany

chong xi qi

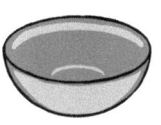

mosdótál

xi lian pen

hátmosó kefe

ca bei shua

szappan

fei zao

tusfürdö

mu yu lu

sampon

xi fa shui

mosdókesztyű

fa lan rong

lefolyó

pai shui

krém

ru shuang

dezodor

chu chou ji

tükör

jing zi

kézitükör

shou jing

borotva

ti xu dao

borotvahab

ti xu pao mo

borotválkozás utáni
arcszesz

xu hou shui

fésű

shu zi

hajkefe

shua zi

hajszárító

chui feng ji

hajlakk

pen fa ding xing ji

smink

hua zhuang pin

ajakrúzs

chun gao

körömlakk

zhi jia you

vatta

hua zhuang mian

körömvágó olló

zhi jia jian

parfüm

xiang shui

neszesszer

xi shu bao

sámli

deng zi

mérleg

ji zhong cheng

köntös

yu pao

gumikesztyű

xiang jiao shou tao

tampon

wei sheng mian tiao

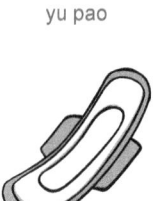

egészségügyi betét

wei sheng jin

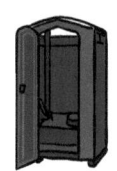

vegyi WC

hua xue ce suo

gyerekszoba
er tong fang

ébresztő óra
nao zhong
plüssállat
mao rong wan ju
játékautó
wan ju che
csörgő
bo lang gu
babaház
wan ju wu
ajándék
li wu

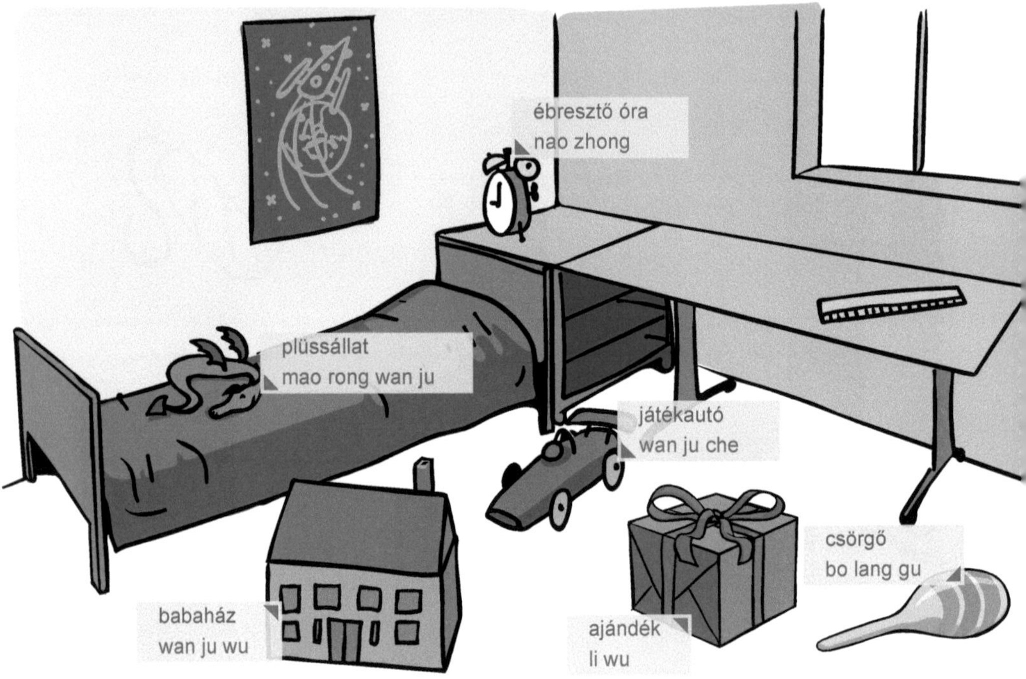

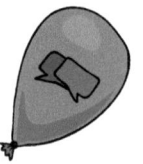

lufi

qi qiu

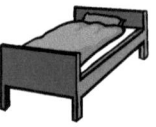

ágy

chuang

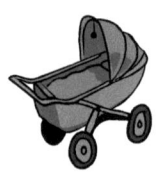

babakocsi

(yang wa wa yong)ying er che

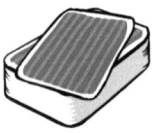

kártyapakli

pu ke pai

kirakós játék

pin tu

SUPER
MEGA

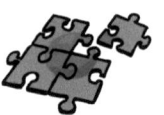

képregény

man hua

építőkockák

le gao ji mu

építőelem

ji mu wan ju

szuperhős

wan ju ren

rugdalózó

ying er fu

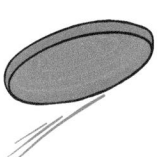

frizbi

fei pan

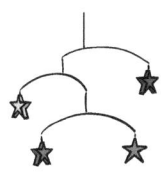

zenélő forgó

chuang ling wan ju

társasjáték

qi pan you xi

kocka

shai zi

modellvasút

huo che mo xing

cumı

an fu nai zui

zsúr

ju hui

képeskonyv

hui ben

labda

qiu

baba

yang wa wa

játszani

wan

homokozó

sha keng

hinta

qiu qian

játékok

wan ju

videójáték konzol

you xi ji

tricikli

san lun che

teddi maci

tai di xiong

ruhásszekrény

yi chu

ruházat
yi fu

zokni

wa zi

harisnya

chang wa

harisnyanadrág

jin shen ku

sál
wei jin

öv
pi dai

esernyő
yu san

póló
T xu

csizma
xue zi

papucs
tuo xie

tornacipő
yun dong xie

szandál
....
liang xie

cipő
....
xie

gumicsizma
....
yu xue

alsónadrág
....
nei ku

melltartó
....
xiong zhao

mellény
....
bei xin

body

shen ti

nadrág

ku zi

farmer

niu zai ku

szoknya

duan qun

blúz

nü shi chen shan

ing

chen shan

pulóver

tao tou shan

kapucnis pulóver

wei yi

blézer

xi zhuang jia ke

dzseki

jia ke

kabát

wai tao

esőkabát

yu yi

kosztüm

tao zhuang

ruha

lian yi qun

esküvői ruha

hun sha

öltöny

xi zhuang

hálóing

shui pao

pizsama

shui yi

szári

sha li

fejkendő

tou jin

turbán

bao tou jin

burka

bo ka

kaftán

ka fu tan

abaya

(a la bo shi)chang pao

fürdőruha

yong yi

fürdőnadrág

nan shi yong ku

rövidnadrág

duan ku

tréningruha

yun dong fu

kötény

wei qun

kesztyű

shou tao

gomb

niu kou

szemüveg

yan jing

karkötő

shou lian

nyaklánc

xiang lian

gyűrű

jie zhi

fülbevaló

er huan

sapka

bian mao

vállfa

yi jia

kalap

mao zi

nyakkendő

ling dai

cipzár

la lian

bukósisak

tou kui

nadrágtartó

bei dai

iskolai egyenruha

xiao fu

egyenruha

zhi fu

elöke
....
wei dou

cumi
....
an fu nai zui

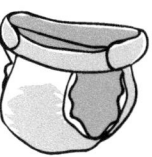

pelenka
....
niao bu shi

iroda
ban gong shi

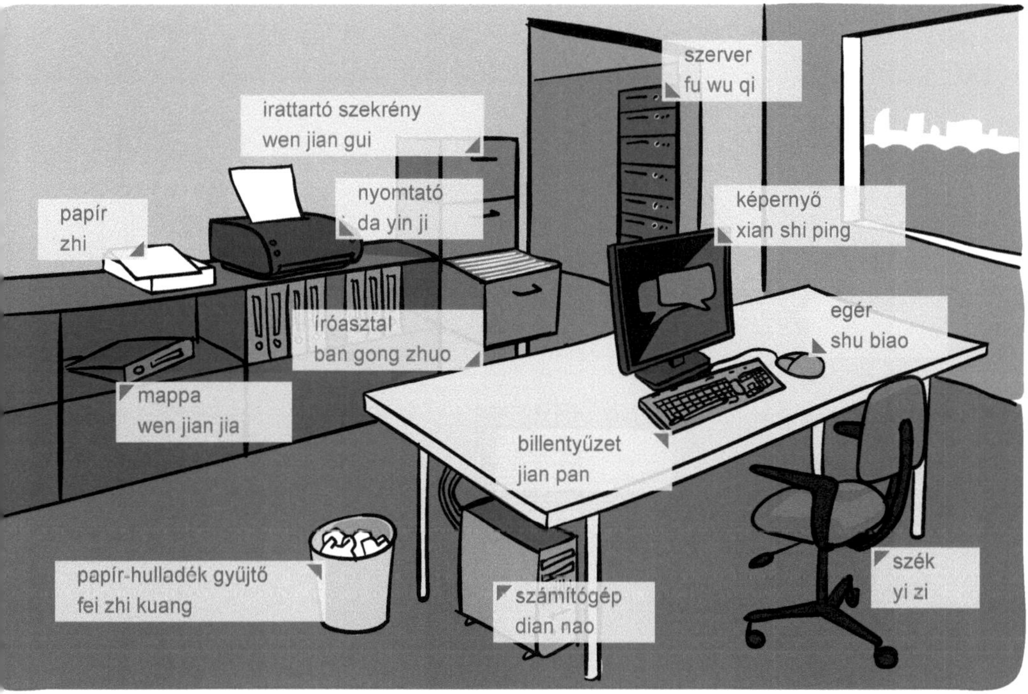

szerver
fu wu qi

irattartó szekrény
wen jian gui

nyomtató
da yin ji

papír
zhi

képernyő
xian shi ping

íróasztal
ban gong zhuo

egér
shu biao

mappa
wen jian jia

billentyűzet
jian pan

papír-hulladék gyűjtő
fei zhi kuang

számítógép
dian nao

szék
yi zi

kávéscsésze
....
ka fei bei

számológép
....
ji suan qi

internet
....
yin te wang

laptop

bi ji ben dian nao

levél

xin jian

üzenet

xiao xi

mobiltelefon

shou ji

hálózat

wang luo

fénymásoló

fu yin ji

szoftver

ruan jian

telefon

dian hua

konnektor

cha zuo

faxgép

chuan zhen ji

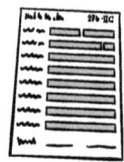

formanyomtatvány

biao ge

dokumentum

wen jian

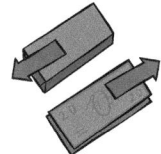

venni

mai

fizetni

fu qian

kereskedni

jiao yi

pénz

xian jin

dollár

mei yuan

euró

ou yuan

jen

ri yuan

rubel

lu bu

svájci frank

rui shi fa lang

kínai jüan

ren min bi

rúpia

lu bi

bankautomata

ti kuan chu

valutaváltó iroda

wai bi dui huan chu

arany

jin

ezüst

yin

olaj

shi you

energia

neng yuan

ár

jia ge

szerződés

he tong

adó

shui jin

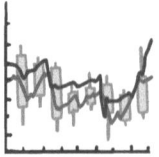

részvény

gu piao

dolgozni

gong zuo

munkavállaló

zhi yuan

munkaadó

lao ban

gyár

gong chang

üzlet

shang dian

foglalkozások
zhi ye

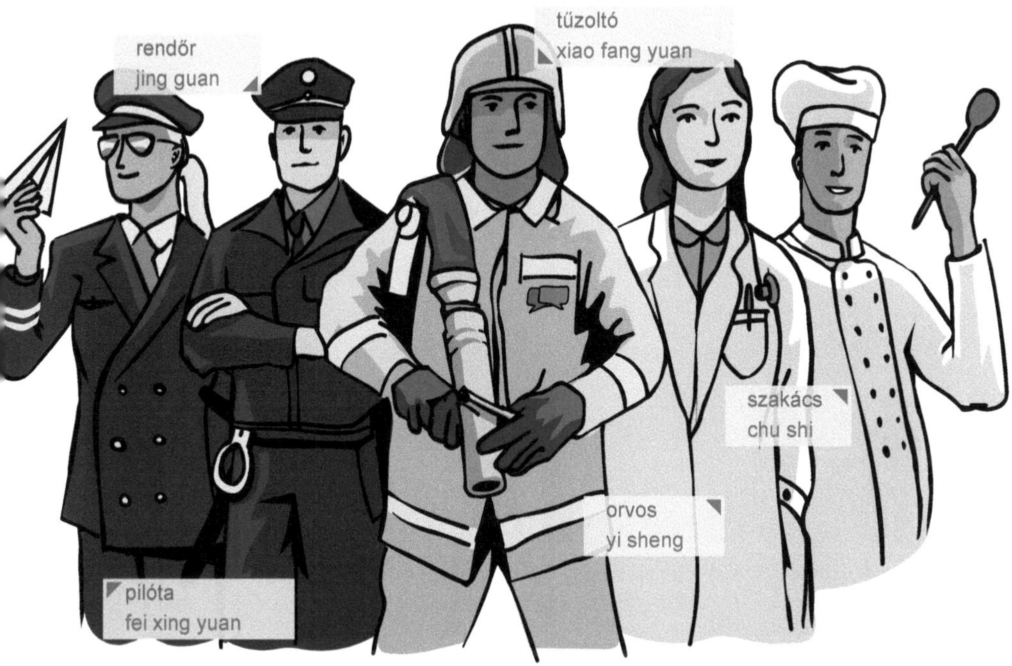
rendőr
jing guan
tűzoltó
xiao fang yuan
szakács
chu shi
orvos
yi sheng
pilóta
fei xing yuan

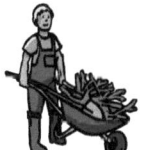

kertész

yuan ding

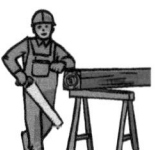

kárpitos

mu jiang

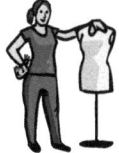

varrónő

cai feng

bíró

fa guan

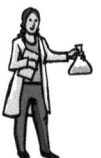

vegyész

hua xue jia

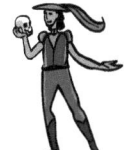

színész

yan yuan

buszsofőr

gong jiao che si ji

taxisofőr

chu zu che si ji

halász

yu fu

bejárónő

qing jie nü gong

tetőfedő

wu ding gong

pincér

fu wu yuan

vadász

lie ren

festő

hua jia

pék

mian bao shi

villanyszerelő

dian gong

építőmunkás

jian zhu gong ren

mérnök

gong cheng shi

hentes

tu fu

vízvezeték-szerelő

shui guan gong

postás

you di yuan

katona

shi bing

építész

jian zhu shi

eladó

shou yin yuan

virágos

hua nong

fodrász

li fa shi

kalauz

shou piao yuan

műszerész

ji xie shi

kapitány

chuan zhang

fogorvos

ya yi

tudós

ke xue jia

rabbi

la bi

imám

yi ma mu

szerzetes

he shang

lelkész

mu shi

szerszámok
gong ju

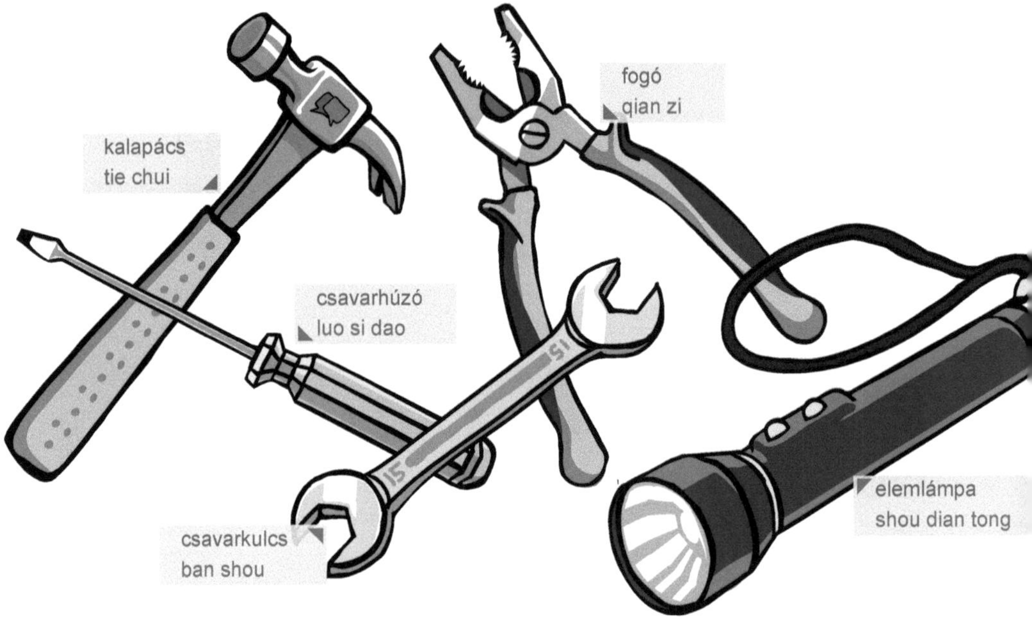

kalapács
tie chui
fogó
qian zi
csavarhúzó
luo si dao
csavarkulcs
ban shou
elemlámpa
shou dian tong

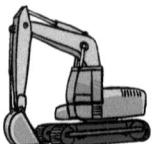

markológép

wa jue ji

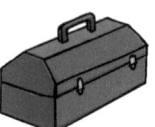

szerszámosláda

gong ju xiang

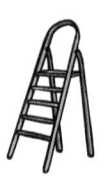

vödör

ti zi

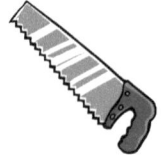

fűrész

ju zi

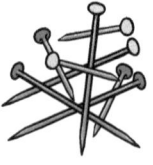

szög

ding zi

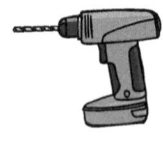

fúrógép

zuan ji

megjavítani

xiu

lapát

chan zi

A francba!

kao!

szemétlapát

bo ji

festékesdoboz

you qi tong

csavar

luo si

hangszerek
yue qi

hangszóró
yang sheng qi

dobfelszerelés
da ji yue qi

gitár
ji ta

nagybőgő
di yin ti qin

trombita
xiao hao

zongora

gang qin

hegedű

xiao ti qin

basszusgitár

bei si

üstdob

ding yin gu

dobok

gu

digitális zongora

dian zi qin

szaxofon

sa ke si guan

fuvola

chang di

mikrofon

mai ke feng

állatkert

dong wu yuan

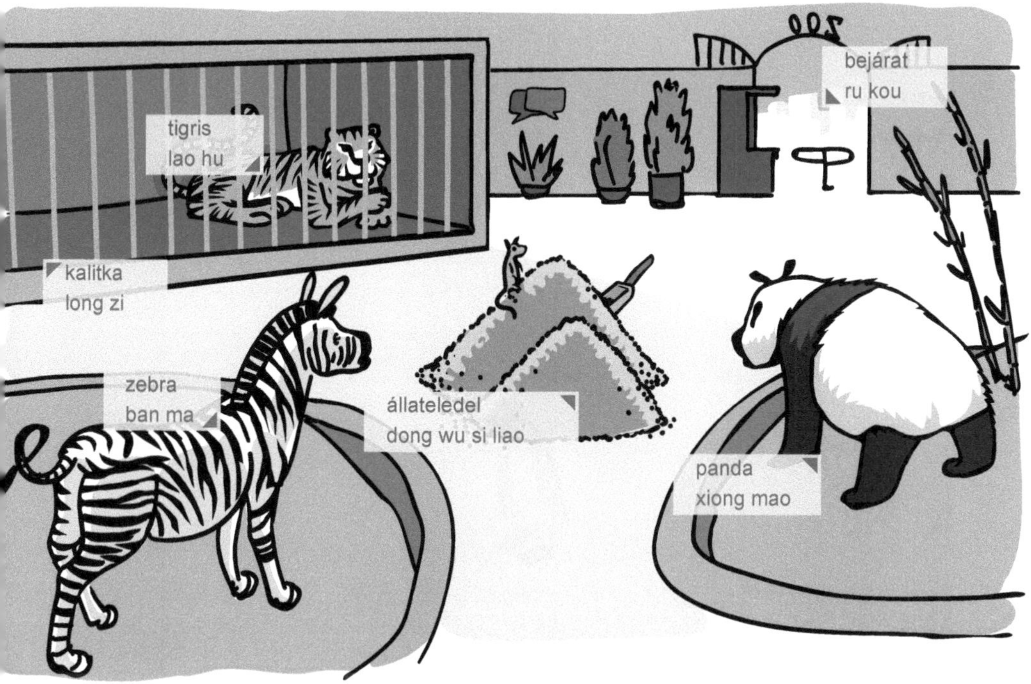

bejárat
ru kou
tigris
lao hu
kalitka
long zi
zebra
ban ma
állateledel
dong wu si liao
panda
xiong mao

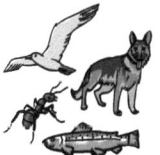

állatok
dong wu

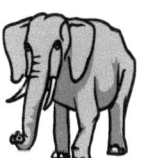

elefánt
da xiang

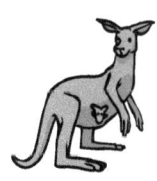

kenguru
dai shu

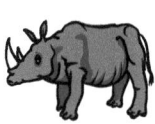

orrszarvú
xi niu

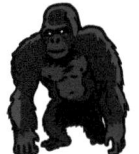

gorilla
da xing xing

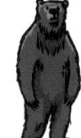

medve
xiong

teve

luo tuo

strucc

tuo niao

oroszlán

shi zi

majom

hou zi

flamingó

huo lie niao

papagáj

ying wu

jegesmedve

bei ji xiong

pingvin

qi e

cápa

sha yu

páva

kong que

kígyó

she

krokodil

e yu

állatgondozó

dong wu yuan guan li yuan

fóka

hai bao

jaguár

mei zhou bao

póniló

ai zhong ma

leopárd

bao

víziló

he ma

zsiráf

chang jing lu

sas

lao ying

vaddisznó

ye zhu

hal

yu

teknős

gui

rozmár

hai xiang

róka

hu li

gazella

ling yang

amerikai futball
gan lan qiu

kerékpározás
qi zi xing che

tenisz
wang qiu

kosárlabda
lan qiu

úszás
you yong

jégkorong
bing qiu

boksz
quan ji

futball
ying shi zu qiu

tollas
yu mao qiu

atlétika
tian jing

kézilabda
shou qiu

síelés
hua xue

lovaspóló
ma qiu

nevetni
xiao

ugrani
tiao

ölelni
yong bao

sétálni
zou lu

énekelni
chang

álmodni
zuo meng

dicsérni
qi dao

csókolni
qin wen

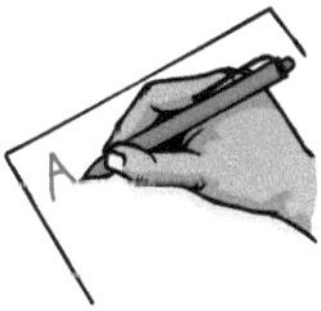

írni
shu xie

rajzolni
hua

mutatni
zhan shi

tolni
tui

adni
gei

vinni
na

birtokolni
you

csinálni
zuo

lenni
dang

állni
zhan

futni
pao

húzni
la

hajít
reng

esni
shuai dao

hazudni
tang

várni
deng dai

vinni
xie dai

ülni
zuo

felvenni
chuan yi

aludni
shui jiao

felébredni
xing lai

ránézni

kan

sírni

ku

simogat

fu mo

fésülni

shu tou

beszélni

jiao tan

megérteni

ming bai

kérdezni

wen

hallgatni

ting

inni

he

enni

chi

takarítanl

qing li

szeretni

ai

főzni

zuo fan

vezetni

kai che

szállni

fei

vitorlázni

hang xing

számol

ji suan

olvasni

du

tanulni

xue xi

dolgozni

gong zuo

házasodni

jie hun

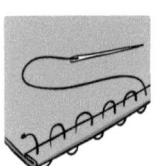

varrni

feng

fogat mosni

shua ya

ölni

sha

dohányozni

chou yan

küldeni

ji

nagymama
zu mu

nagypapa
zu fu

apa
fu qin

anya
mu qin

kisbaba
ying tong

lány
nü er

fiú
er zi

vendég
ke ren

nagynéni
a yi

nagybácsi
shu shu

fiútestvér
xiong di

lánytestvér
jie mei

test

shen ti

homlok
qian e
szem
yan jing
váll
jian bang
ujj
shou zhi
arc
lian
áll
xia ba
kéz
shou
láb
tui
mell
ru fang
kar
shou bi

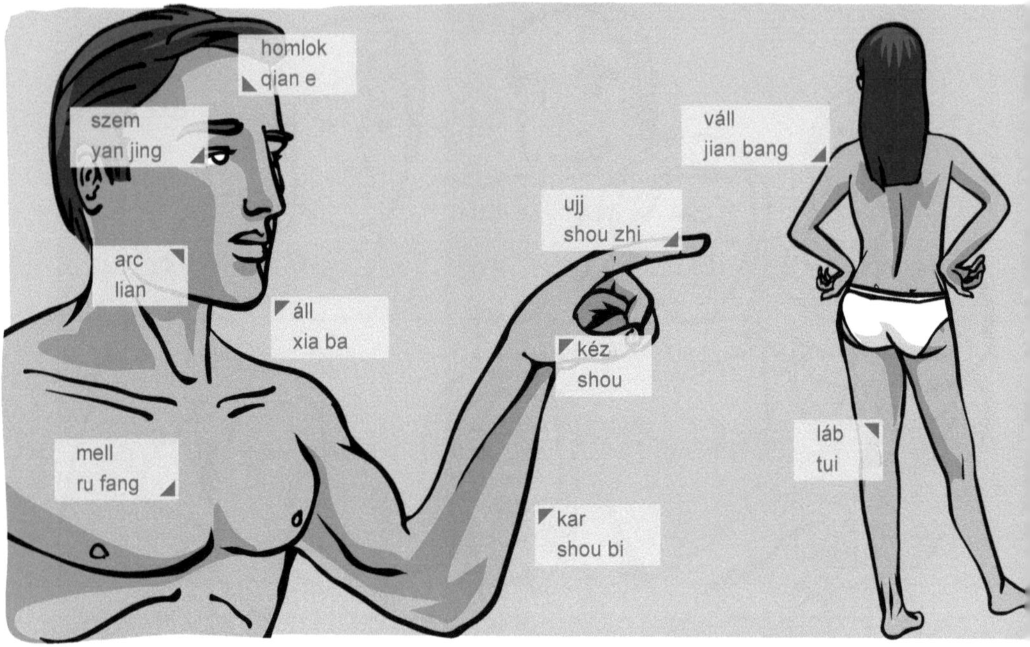

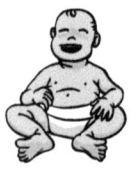

kisbaba

ying tong

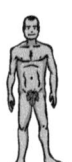

ember

nan ren

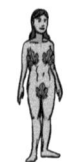

nő

nü ren

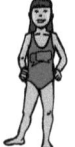

lány

nü hai

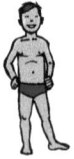

fiú

nan hai

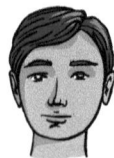

fej

tou

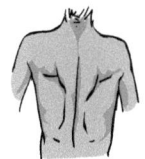

hát

bei bu

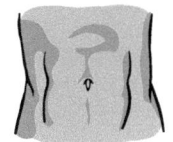

has

du zi

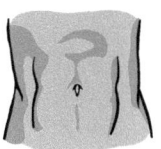

köldök

du qi

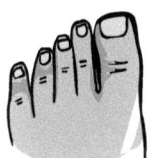

lábujj

jiao zhi

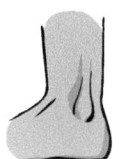

sarok

jiao hou gen

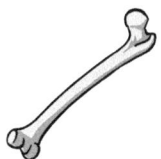

csont

gu tou

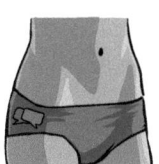

csípő

tun bu

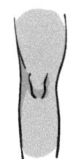

térd

xi gai

könyök

shou zhou

orr

bi zi

fenék

pi gu

bör

pi fu

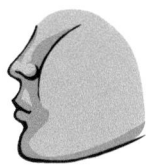

orca

lian jia

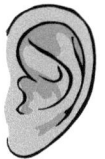

fül

er duo

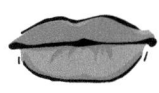

ajak

zui chun

száj

zui

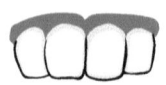

fog

ya chi

nyelv

she tou

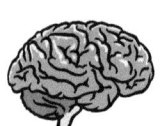

agy

nao

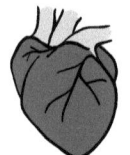

szív

xin zang

izom

ji rou

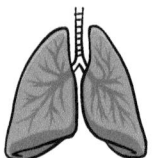

tüdő

fei

máj

gan zang

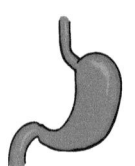

gyomor

wei

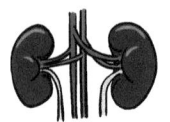

vese

shen zang

szex

xing jiao

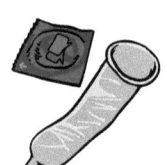

kondom

bi yun tao

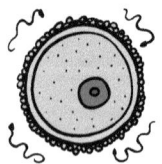

petesejt

luan zi

sperma

jing zi

terhesség

huai yun

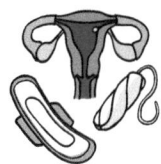

menstruáció

yue jing

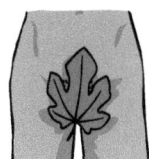

vagina

yin dao

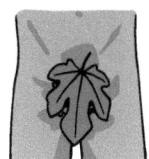

pénisz

yin jing

szemöldök

mei mao

haj

tou fa

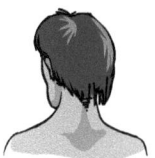

nyak

bo zi

kórház

yi yuan

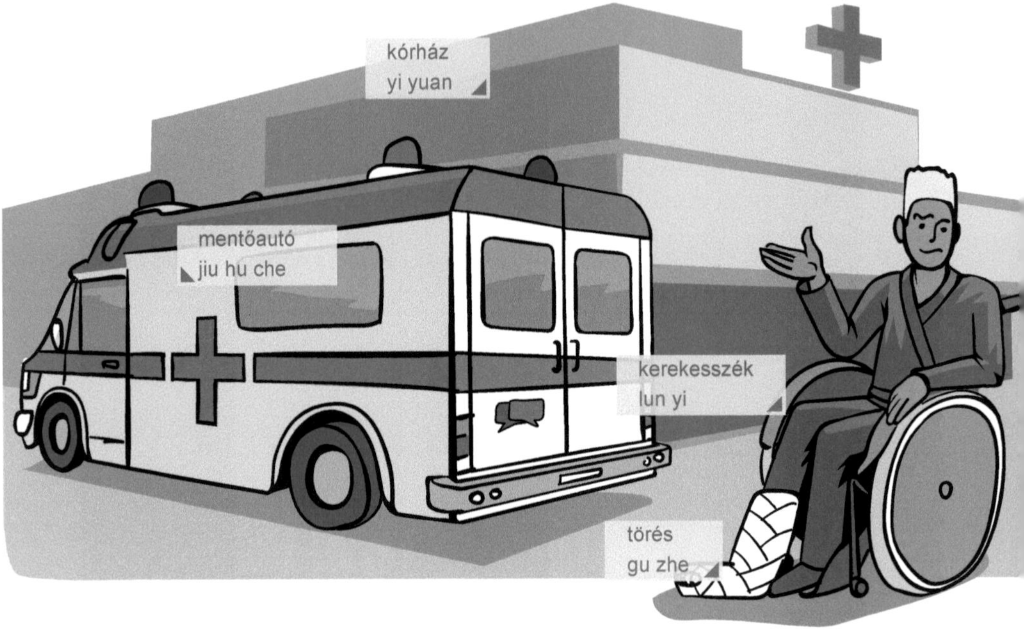

kórház
yi yuan
mentőautó
jiu hu che
kerekesszék
lun yi
törés
gu zhe

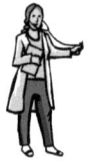

orvos

yi sheng

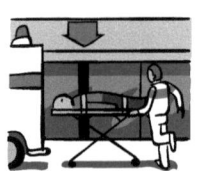

sürgősségi osztály

ji zhen shi

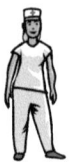

ápoló

hu shi

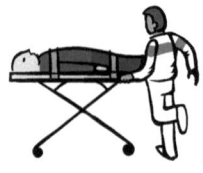

vészhelyzet

jin ji qing kuang

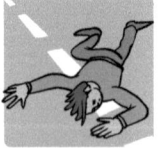

eszméletlen

hun mi

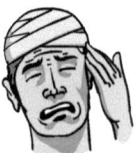

fájdalom

tong

sérülés

shou shang

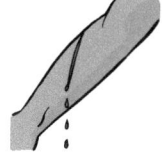

vérzés

chu xue

szívroham

xin zang bing fa zuo

szélütés

zhong feng

allergia

guo min

köhögés

ke sou

láz

fa shao

influenza

liu gan

hasmenés

fu xie

fejfájás

tou tong

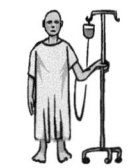

rák

ai zheng

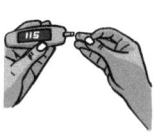

cukorbetegség

tang niao bing

sebész

wai ke yi sheng

szike

shou shu dao

műtét

shou shu

CT
CT

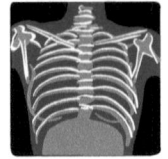

röntgen
X guang

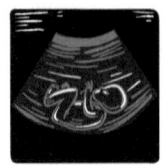

ultrahang
chao sheng bo

arcmaszk
kou zhao

betegség
ji bing

váróterem
hou zhen shi

mankó
guai zhang

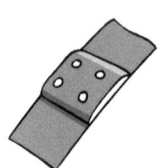

sebtapasz
shi gao

kötszer
beng dai

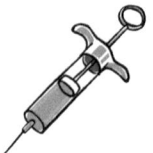

injekció
zhu she

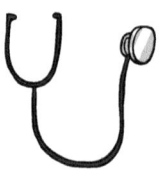

sztetoszkóp
ting zhen qi

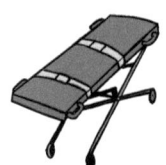

hordágy
dan jia

klinikai hőmérő
ti wen ji

születés
chu sheng

túlsúly
chao zhong

hallókészülék

zhu ting qi

fertőtlenítőszer

xiao du ye

fertőzés

gan ran

vírus

bing du

HIV/AIDS

ai zi bing

orvosság

yao wu

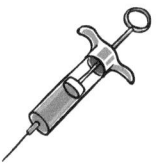

oltás

jie zhong yi miao

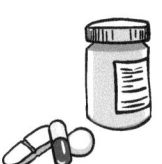

tabletták

yao pian

tabletta

yao wan

sürgősségi hívás

ji jiu dian hua

vérnyomásmérő

xue ya ji

betegség / egészség

sheng bing/jian kang

Segítség!

jiu ming!

riasztás

jing bao

rajtaütés

tu ji

támadás

gong ji

veszély

wei xian

vészkijárat

jin ji chu kou

tűz!

zhao huo la!

tűzoltókészülék

mie huo qi

baleset

yi wai

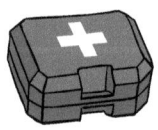

elsősegélycsomag

ji jiu xiang

SOS

hu jiu xin hao

rendőrség

jing cha

Európa

ou zhou

Észak-Amerika

bei mei zhou

Dél-Amerika

nan mei zhou

Afrika

fei zhou

Ázsia

ya zhou

Ausztrália

ao zhou

Atlanti-óceán

da xi yang

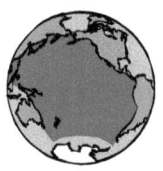

Csendes-óceán

tai ping yang

Indiai-óceán

yin du yang

Déli-óceán

nan bing yang

Jeges-tenger

bei bing yang

Északi-sark

bei ji

Déli-sark

nan ji

Antarktisz

nan ji zhou

föld

di qiu

szárazföld

lu di

tenger

hai

sziget

dao

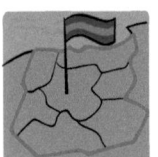

nemzet

guo jia

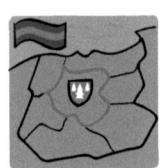

állam

guo jia

számlap

zhong mian

kismutató

shi zhen

nagymutató

fen zhen

másodpercmutató

miao zhen

Mennyi az idő?

xian zai ji dian?

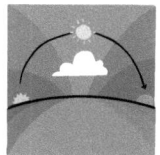

nap

tian

idő

shi jian

most

xian zai

digitális óra

dian zi biao

perc

fen

óra

shi

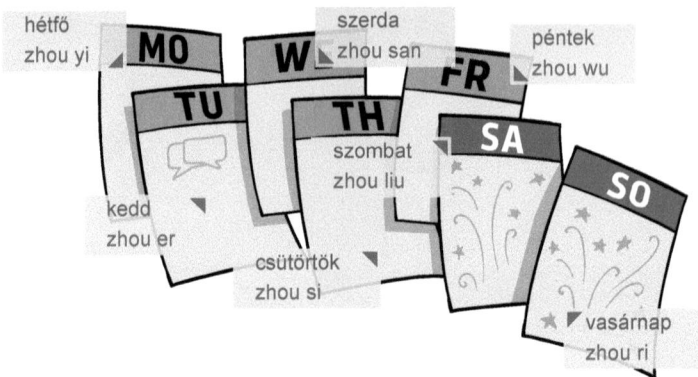

hétfő
zhou yi

szerda
zhou san

péntek
zhou wu

szombat
zhou liu

kedd
zhou er

csütörtök
zhou si

vasárnap
zhou ri

tegnap

zuo tian

ma

jin tian

holnap

ming tian

reggel

zao chen

dél

zhong wu

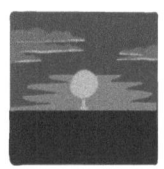

este

wan shang

MO	TU	WE	TH	FR	SA	SU
1	2	3	4	5	6	7
8	9	10	11	12	13	14
15	16	17	18	19	20	21
22	23	24	25	26	27	28
29	30	31	1	2	3	4

hétköznap

gong zuo ri

MO	TU	WE	TH	FR	SA	SU
1	2	3	4	5	6	7
8	9	10	11	12	13	14
15	16	17	18	19	20	21
22	23	24	25	26	27	28
29	30	31	1	2	3	4

hétvége

zhou mo

év
nian

eső
yu
szivárvány
cai hong
hó
xue
szél
feng
tavasz
chun
ősz
qiu
nyár
xia
tél
dong

4.APRIL 11°
5.APRIL 4°
6.APRIL 13°
7.APRIL 8°
8.APRIL 10°

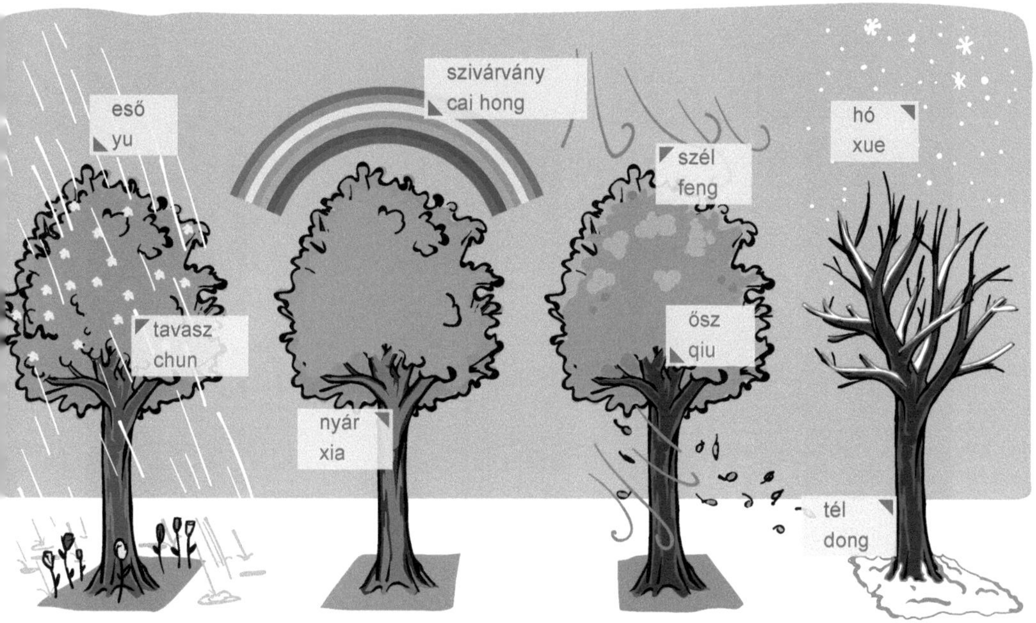

időjárás előrejelzés
tian qi yu bao

F C
120 40
90 30
60 20
30 10
0 0
-30 -10
-20

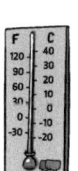

hőmérő
wen du ji

napsütés
yang guang

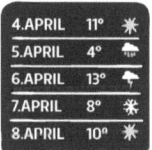

felhő
yun

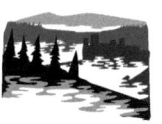

köd
wu

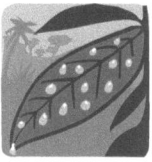

páratartalom
chao shi

villámlás

shan dian

mennydörgés

da lei

vihar

feng bao

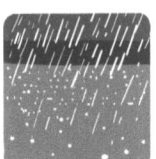

jégeső

bing bao

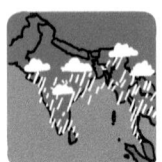

monszun

ji feng

áradás

hong shui

jég

bing

január

yi yue

február

er yue

március

san yue

április

si yue

május

wu yue

június

liu yue

július

qi yue

augusztus

ba yue

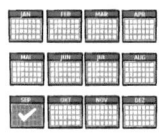

szeptember
....
jiu yue

október
....
shi yue

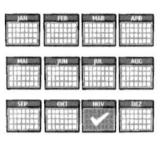

november
....
shi yi yue

december
....
shi er yue

alakzatok
xing zhuang

kör
....
yuan xing

négyzet
....
zheng fang xing

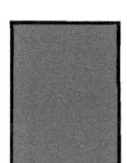

téglalap
....
chang fang xing

háromszög
....
san jiao xing

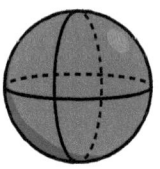

gömb
....
qiu ti

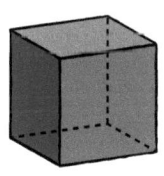

kocka
....
li fang ti

fehér

bai

sárga

huang

narancs

cheng

rózsaszín

fen

piros

hong

lila

zi

kék

lan

zöld

lü

barna

zong

szürke

hui

fekete

hei

sok / kevés

hen duo/shao xu

mérges / nyugodt

sheng qi/ping jing

szép / csúnya

mei/chou

kezdet / vég

shou/wei

nagy / kicsi

da/xiao

világos / sötét

ming/an

fivér / nővér

xiong di/jie mei

tiszta / koszos

gan jing/ang zang

teljes / nem teljes

wan zheng/que shi

nappal / éjszaka

bai tian/wan shang

halott / élő

si/sheng

széles / keskeny

kuan/zhai

ehető / nem ehető

ke shi yong/fei shi yong

gonosz / kedves

xie e/shan liang

izgatott / unott

xing fen/wu liao

kövér / vékony

pang/shou

első / utolsó

di yi/zui hou

barát / ellenség

peng you/di ren

teli / üres

man/kong

kemény / puha

ying/ruan

nehéz / könnyű

zhong/qing

éhség / szomjúság

e/ke

betegség / egészség

sheng bing/jian kang

illegális / legális

fei fa/he fa

intelligens / buta

cong ming/yu ben

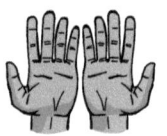

bal / jobb

zuo/you

közel / távol

jin/yuan

új / használt

xin/jiu

semmi / valami

mei you/you xie

idős / fiatal

lao/you

be / ki

kai/guan

nyitva / zárva

da kai/he shang

csendes / hangos

an jing/chao nao

gazdag / szegény

fu/qiong

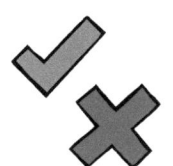

helyes / helytelen

dui/cuo

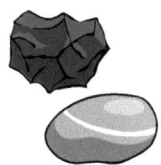

érdes / sima

cu cao/guang hua

szomorú / vidám

shang xin/gao xing

rövid / hosszú

duan/chang

lassú / gyors

man/kuai

nedves / száraz

shi/gan

meleg / hideg

wen nuan/liang shuang

háború / béke

zhan zheng/he ping

0

nulla

ling

1

egy

yi

2

kettő

er

3

három

san

4

négy

si

5

öt

wu

6

hat

liu

7

hét

qi

8

nyolc

ba

9

kilenc

jiu

10

tíz

shi

11

tizenegy

shi yi

12

tizenkettő

shi er

13

tizenhárom

shi san

14

tizennégy

shi si

15

tizenöt

shi wu

16

tizenhat

shi liu

17

tizenhét

shi qi

18

tizennyolc

shi ba

19

tizenkilenc

shi jiu

20

húsz

er shi

100

száz

bai

1.000

ezer

qian

1.000.000

millió

bai wan

angol

ying yu

amerikai angol

mei shi ying yu

mandarin kínai

pu tong hua

hindi

yin di yu

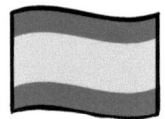

spanyol

xi ban ya yu

francia

fa yu

arab

a la bo yu

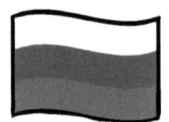

orosz

e yu

portugál

pu tao ya yu

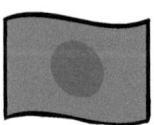

bengáli

feng jia la yu

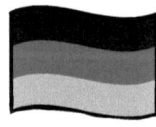

német

de yu

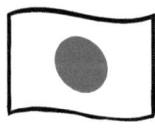

japán

ri yu

én
....
wo

te
....
ni

ö
....
ta/ta/ta

mi
....
wo men

ti
....
ni men

ök
....
ta men

ki?
....
shei?

mi?
....
shen me?

hogyan?
....
zen yang?

hol?
....
na li?

mikor?
....
shen me shi hou?

név
....
ming zi

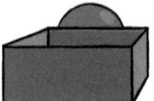

mögött

hou mian

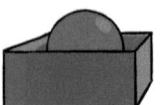

benne

li mian

elötte

qian mian

felette

shang fang

rajta

shang mian

alatta

xia mian

mellett

pang bian

között

zhong jian

hely

di dian